coccinotes
AF365105
coccinotes.shop

Les carnets de piano et chant de
Cornemuse Żac

Le clavier

Les éditions de  La boite à ouvrage

Conception visuelle et infographie

Cornemuse Żac

La boite à ouvrage éditeur

lbao.ca

Dépôt légal - Bibliothèque et Archives nationales du Québec 2023

ISBN 9-782925-339052

Cornemuse Zac

Je suis née dans la caisse d'un bon vieux piano. J'ai appris à marcher sur les notes et à faire danser mes doigts sur des harmonies.

Je vais te montrer tous mes trucs de magie en chantant au piano.

Comment ça fonctionne ?

C Do D Ré E Mi F Fa G Sol A La B Si

 Si vous ne savez pas du tout lire la musique, cherchez un bon professeur ou une personne qui sait un peu lire au piano pour vous aider!

 Si vous savez lire un peu la musique au piano, vous devriez pouvoir réussir les exercices avec l'aide des tableaux, des MuseScores et des vidéos.

Prenez le temps de bien réviser les tableaux et assurez-vous de bien les comprendre.

Tableau des symboles musicaux

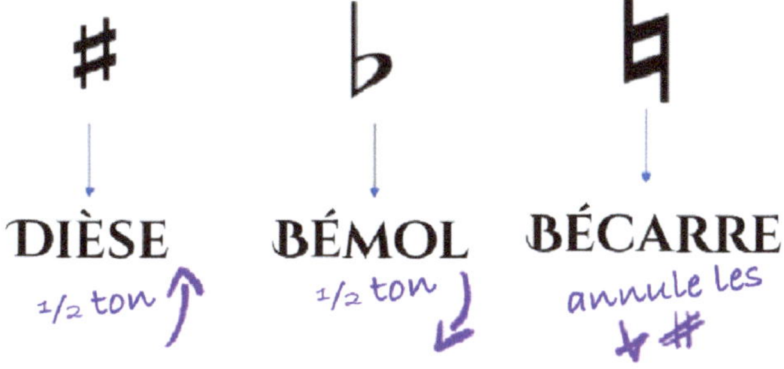

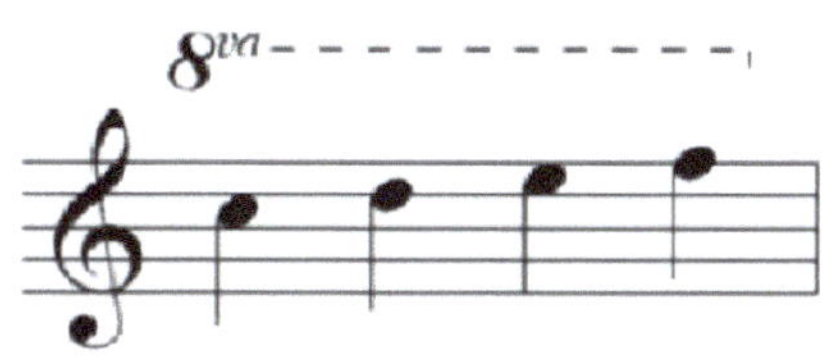

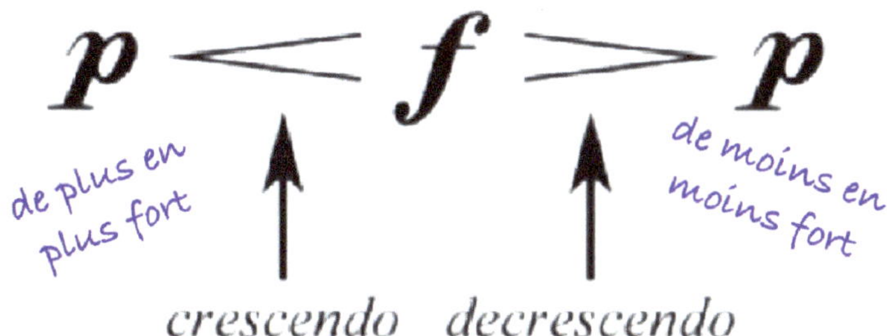

Ton & demi-ton

Comment calculer les distances entre les notes d'un piano.

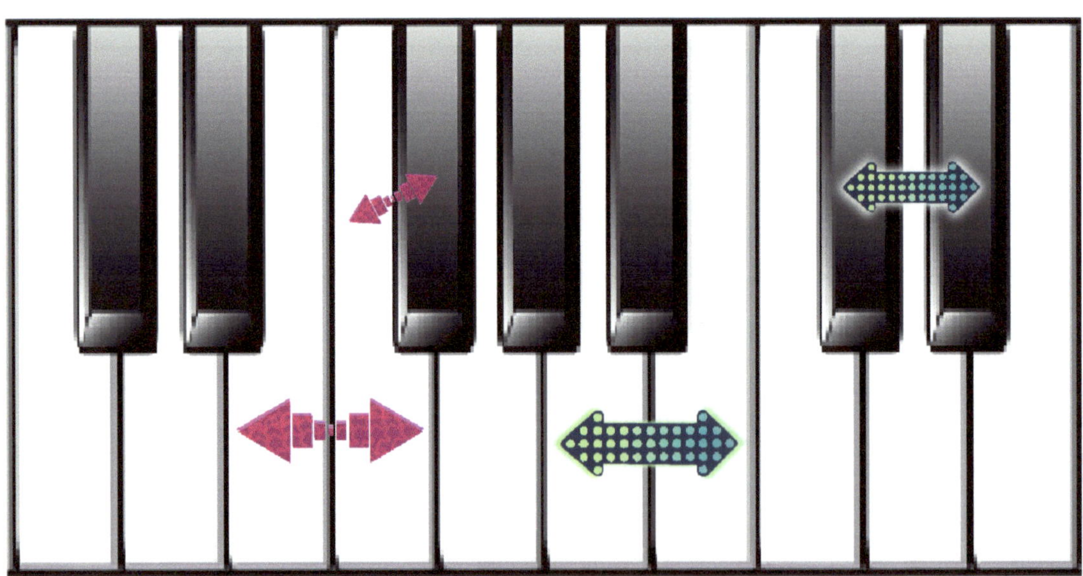

Position au piano

Dos droit

Pieds à terre

S'asseoir sur le bord du banc

Yeux sur la partition

Bras parallèles au clavier

Êtes-vous prêt ?
Gio

Légende

Notion
Section qui introduit le thème du carnet.

Vocal
Exercices vocaux.

Exercice
Section d'exercices techniques.

Rythme
Section de travail rythmique.

Accord
Apprentissage des accords.

Théorie
Section de travail théorique.

Lecture
Section où l'on travaille la lecture à vue

Mémoire
Section de répertoire à apprendre par cœur.

Évaluation
Section avec pièce principale, petite évaluation de compréhension et composition.

Passeport
Section où l'élève obtient son estampe de passage.

Notion

Le clavier complet possède 88 notes.
Sept séries de douze notes plus quatre autres
notes : une tout en haut du registre et les trois
plus basses notes sur le piano.

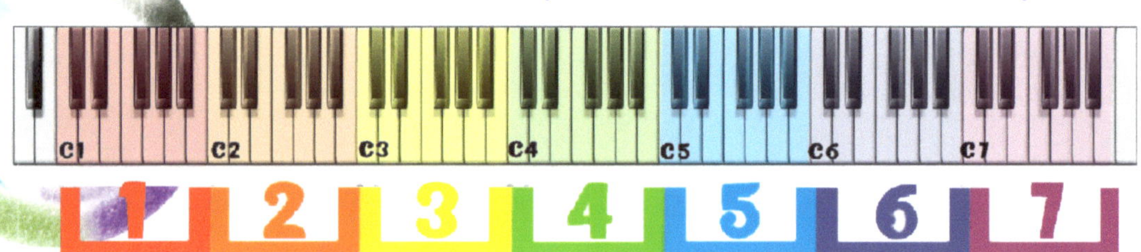

Les douze notes se répètent
tout le long du clavier.

Exercice

♩ = 100

Jouer MD une Octave plus haut à la reprise
Jouer MG une Octave plus bas à la reprise

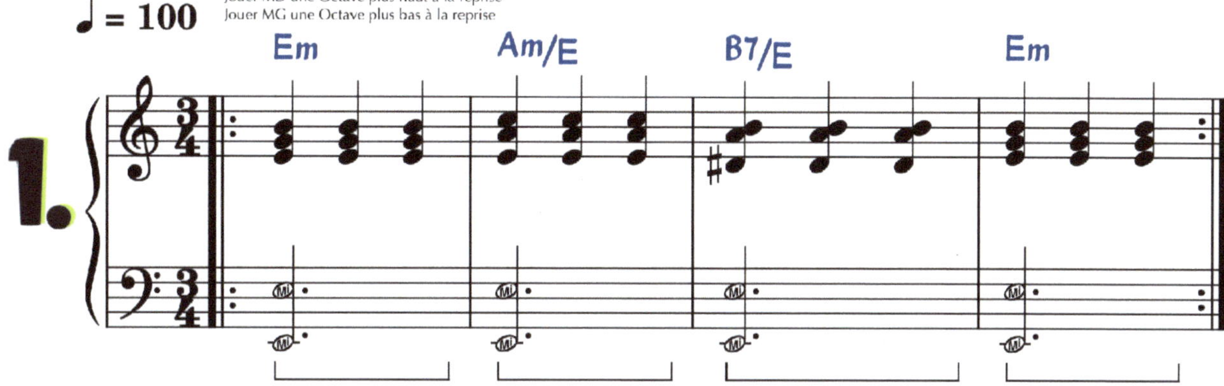

♩ = 100

Vocal

♩ = 72
Ta da dey_ di ta da da da_ dey doh_
3
D7
Dm9/A
D7
Dm9/A
♩ = 108
La La Ley Lam____ Na Na Ney Num____
8
Em
Am/E
B7/E
Em
1.
2.

Accord

Aspect graphique des accords à trois sons.

3ce – Tierce Majeure = 2 tons ou 4 demi-tons
3ce – mineure = 1 ton et demi ou 3 demi-tons

Rythme

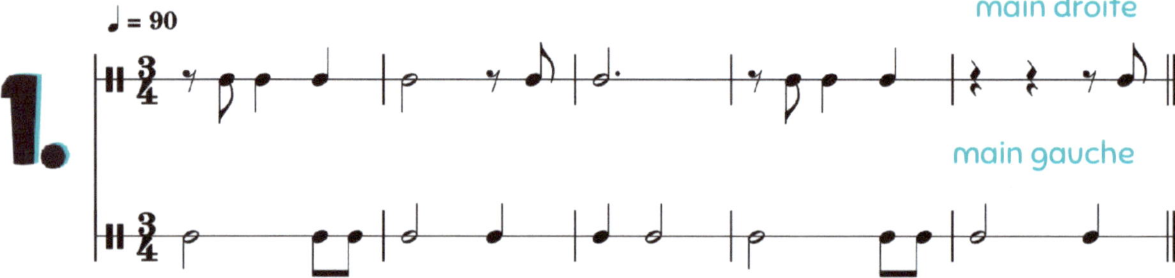

Frappez ces rythmes simultanément.

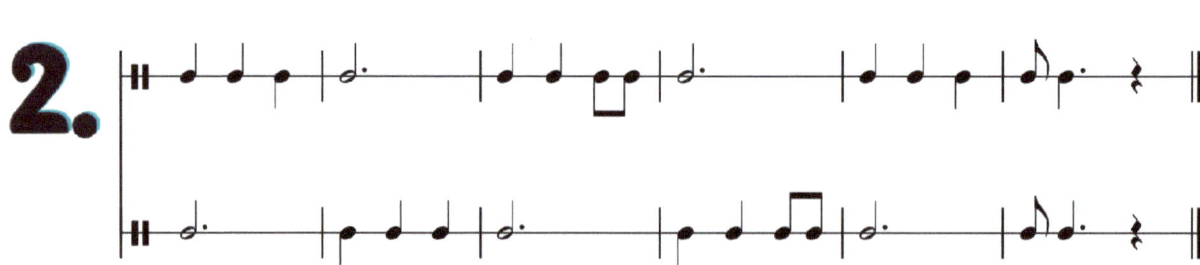

Lecture à vue

Théorie

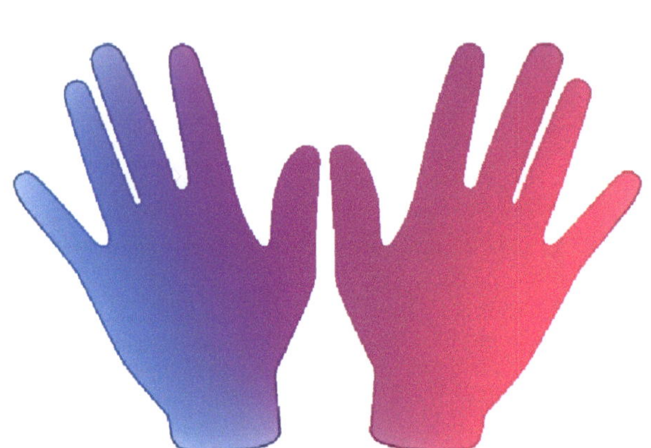

Basse & Rythme   **Harmonies**   **Mélodies**
Intro, Coda & Fills

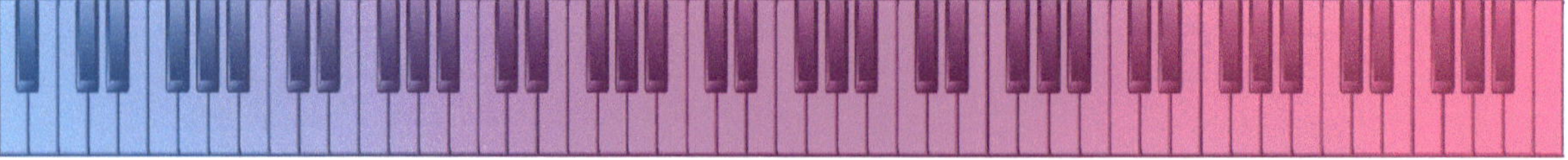

Mémoire

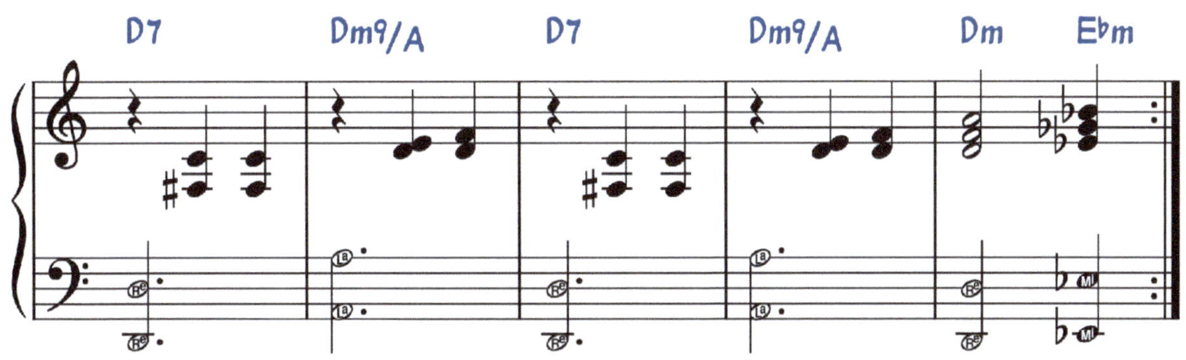

Toi et moi

Allons marcher
Main dans la main
On n'se perdra pas
Je te lâch'rai pas

Ta roue c'est moi
Ma roue c'est toi
Tu prends du r'tard
Je reste là

Tout droit devant
Traverse tout ça
sans peur et tombe
Je tombe pour toi

Allons marcher
Main dans la main
Toi et moi
Toi et moi

Toi et moi

Cornemuse Żac

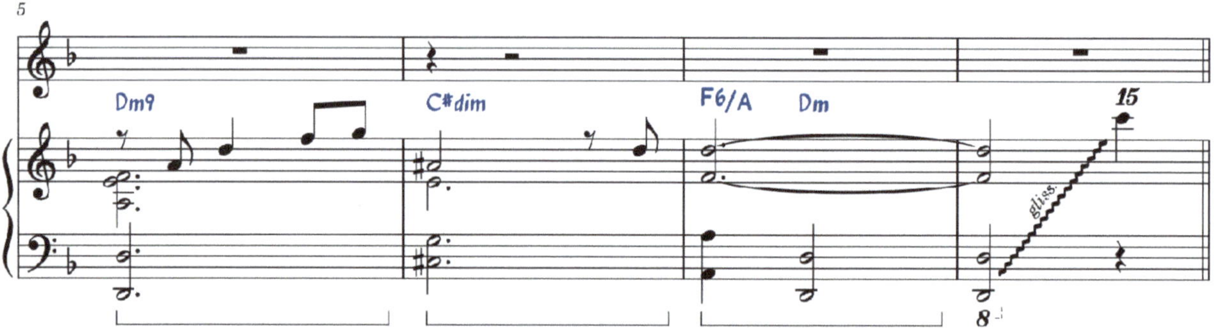

Toi et moi

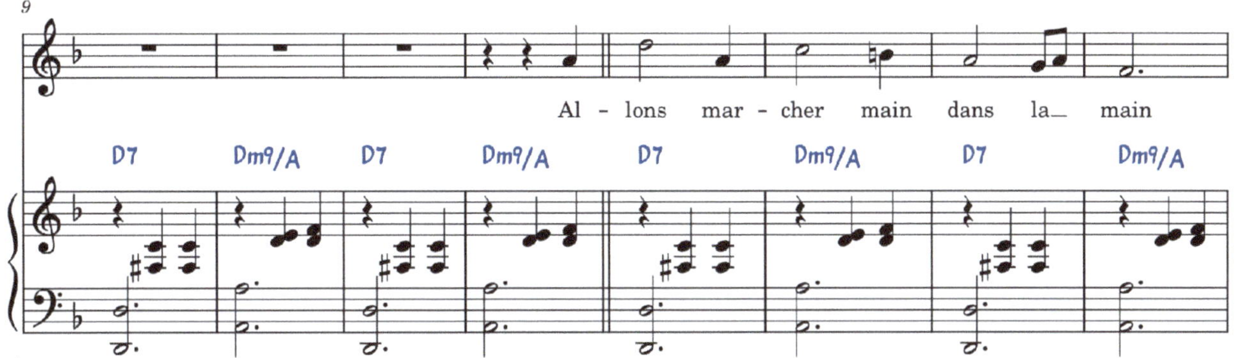

A
D7   Dm9/A   D7   Dm9/A   D7   Dm9/A   D7   Dm9/A
Al - lons mar - cher main dans la_ main

D9   Csus4   Bmin6   B7   Em6/B   B
On n'se per - dra pas_ je te la - ch'rai___ pas___
8

Toi et moi

B

(Em/Mi mineur)
23
Em
Am/E
B7/E
Em
Ta roue c'est moi
Ma roue c'est toi

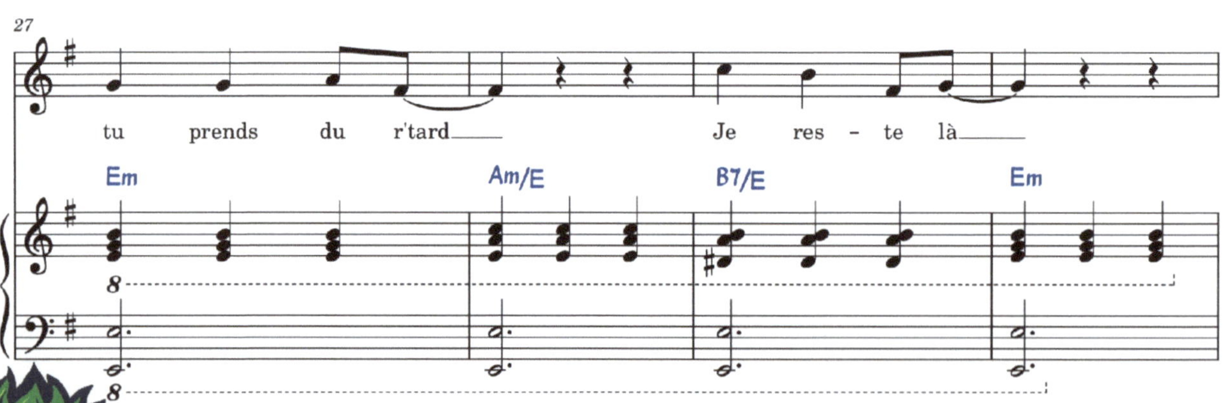
27
Em
Am/E
B7/E
Em
tu prends du r'tard
Je res - te là

Toi et moi

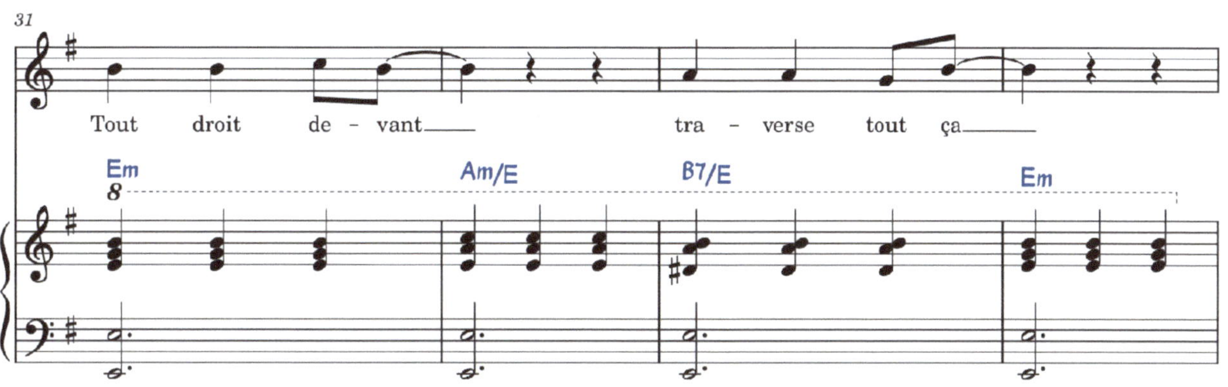

31
Tout droit de - vant traverse tout ça
Em Am/E B7/E Em

35
sans peur et tombe Je tombe pour toi
Em Am/E B7/E Em

Coda

(Dm/Ré mineur)
Al - lons mar - cher main dans la_ main toi et moi______
Em E♭m Dm D7 Dm9/A D7 Dm9/A D7 Dm9/A D7
Toi_ et moi______
Dm9/A D7 Dm9/A Dm9 C#dim F6/A Dm

Composition

COMPOSITION

Toi et moi

Écrivez une petite chanson où le couplet et le refrain modulent un ton plus haut ou plus bas. Par exemple : un couplet en La mineur qui va au refrain en Sol min ou bien de Ré Majeur à Mi Majeur.

1. Utilisez des accords avec des notes blanches (Vanille) ou qui ressemblent à une pyramide.

2. Modifiez la note basse d'un accord, et si vous aimez le résultat, essayez de l'utiliser dans votre chanson.

3. Lorsque vous écrivez des paroles, pensez à une histoire et choissisez des mots simples, qui ne vont pas nécessairement ensemble, pour créer des images poignantes.

Faites une vidéo!

Évaluation

Chenille vanille

En partant du Do central, bâtir et jouer tous les accords de type « vanille » en montant vers le prochain Do.

Déterminer la nature de chaque accord : est-il Majeur, mineur ou autre ?.

Chenille papillon

Choisir une note au hasard, construire un accord Majeur, puis transformer le même accord en accord mineur. Répéter!

Chenille escalier

Partir au hasard avec un accord Majeur et monter par demi-tons l'octave, puis on redescend par ton.

Nom :

Benju Gamelan

Date : L'année du dragon

Le clavier
Carnet de Piano et Chant

coccinotes.contactin.bio

Visitez notre site Web pour obtenir les modèles à imprimer et remplir ainsi que les MuseScores ou trames d'accompagnement.

Félicitations!!!

Pourquoi de la musique ?

Histoire

La musique a été présente à TOUTES les époques

Éducation physique

Nécessite la COORDINATION des DOIGTS, des LÈVRES et le CONTRÔLE de notre dos et les muscles du ventre

Mathématique
La musique est un RYTHME basé sur la division du temps en FRACTIONS

Langues
La musique est un langage UNIVERSEL

La vie
C'est pourquoi notre coeur BAT

Lecture

Lire de la musique nécessite des compétences qui aident à maintenir L'ALPHABÉTISATION

Les arts
La musique nous permet de CRÉER de L'ÉMOTION

Science

La musique, c'est L'ACOUSTIQUE ET LES FRÉQUENCES produites par les VOIX et les INSTRUMENTS

Coccinotes

Coccinotes
Coccinotes
Coccinotes
Coccinotes